FOTOGRAFÍAS: Cubierta y p. 21, Robert Harding Library; pp. 8 izquierda y derecha, 17 superior y 23, Hutchison Library; pp. 7, 18 izquierda, 26 y 29, Science Photo Library; p. 10, NASA; pp. 14, 16 todas, 17 inferior y 25 superior, Roger Vlitos; pp. 19, 24 y 25 derecha, Frank Spooner Agency; p. 20 izquierda y derecha, Planet Earth; p. 25 superior, Greenpeace Communications.

Primera edición: febrero 1991
Segunda edición: marzo 1992
Tercera edición: julio 1992
Cuarta edición: octubre 1992
Quinta edición: noviembre 1993

Colección coordinada por **Paz Barroso**

Traducción del inglés: *María Córdoba*
Título original: THE OZONE LAYER

Un libro de Aladdin Books. Publicado por primera vez en inglés como *Save our Earth*. Diseñado y dirigido por Aladdin Books Limited.

© Aladdin Books Ltd., 1990
© Ediciones SM, 1990
   Joaquín Turina, 39 - 28044 Madrid

El autor, **Tony Hare,** es escritor, ecologista y presentador de televisión. Trabaja para varias organizaciones de medio ambiente, entre ellas el London Wildlife Trust, la British Association of Nature Conservationists y Plantlife.

Asesores: **Jacky Karas** es investigadora y trabaja en el Departamento de Investigación del Clima de la Universidad de East Anglia, Gran Bretaña. **Chris Rose** es el director de la organización Media Natura, que se encarga de coordinar la relación entre los grupos conservacionistas y los medios de comunicación. También es asesor de medio ambiente para Greenpeace y Friends of the Earth.

Comercializa: CESMA, SA - Aguacate , 25 - 28044 Madrid

ISBN: 84-348-3260-7
Depósito legal: M-33685-1993
Fotocomposición: Grafilia, SL
Impreso en España/Printed in Spain
Melsa - Ctra. de Fuenlabrada a Pinto, km 21,8 - Pinto (Madrid)

LA CAPA DE OZONO

Tony Hare

Asesores: Jacky Karas y Chris Rose

ediciones **sm** Joaquín Turina 39   28044 Madrid

ÍNDICE

INTRODUCCIÓN
5

EL SOL
6

LA TIERRA
8

LA ATMÓSFERA
10

LA CAPA DE OZONO
12

LOS «COME-OZONO»
14

¿DE DÓNDE VIENEN?
16

EL AGUJERO
18

¿QUÉ PUEDE OCURRIR?
20

ALTERNATIVAS
22

¿QUÉ SE PUEDE HACER?
24

¿QUÉ PUEDES HACER TÚ?
26

HAZ UN MURAL
27

FICHA DE SÍNTESIS
28

VOCABULARIO
31

ÍNDICE ALFABÉTICO
32

INTRODUCCIÓN

El Sol junto con la atmósfera (capa de gases que envuelve la Tierra) hacen posible la vida en nuestro planeta. Sin ellos, la Tierra sería un planeta frío y oscuro.

La luz del Sol es imprescindible para que las plantas vivan y crezcan. Los animales no utilizan la energía del Sol directamente, pero dependen de las plantas para alimentarse. Sin ellas no existirían los animales, y sin el Sol no habría plantas.

Pero el Sol no produce sólo luz y calor, sino también formas de **radiación** que son perjudiciales para la vida sobre la Tierra. Afortunadamente, muchas de estas radiaciones nunca llegan hasta nosotros, porque son interceptadas por la atmósfera. La **capa de ozono** (fina capa de gas que se encuentra en la atmósfera) es especialmente importante para filtrar las radiaciones peligrosas del Sol.

Pero ahora la capa de ozono está en peligro. Los elementos químicos que pueden destruir el **ozono** llegan a la atmósfera procedentes de nuestras casas, fábricas, pueblos y ciudades. Y, a menos que acabemos con esto, gran cantidad de radiaciones peligrosas pueden llegar a la Tierra, lo cual supondría un tremendo desastre ecológico.

◀ En la selva tropical abundan las plantas exuberantes, como las orquídeas, junto a enormes helechos y frondosos árboles. Las excelentes condiciones de un clima caluroso y húmedo a la vez, unido a la fuente de luz procedente del Sol, hacen posible la rica y espectacular vida que abunda en la selva. Ambos, luz y calor, están causados por la radiación del Sol, que es filtrada a través de la atmósfera.

Las palabras que aparecen **en negrita** vienen explicadas en el vocabulario que hay al final del libro.

EL SOL

El Sol es una estrella y se encuentra en el centro de nuestro sistema solar. Es una enorme bola de gases incandescentes que gira por el espacio. Mide más de un millón de veces la Tierra y es extremadamente caliente. La temperatura en la superficie del Sol es de unos 6.000 °C, y en el centro alcanza los 15 millones de grados centígrados. Las reacciones nucleares que se producen en el ardiente núcleo del Sol crean la energía que hace que el Sol brille. Las cambiantes y oscuras manchas solares y las violentas explosiones, o fulguraciones, que aparecen en su superficie muestran que el Sol está en continua actividad.

El Sol es nuestra estrella más cercana y nos proporciona luz y calor. Ambas, luz y calor, son formas de radiación procedentes del Sol. La radiación es una manera de transferir energía de un lugar a otro, normalmente viajando en líneas rectas llamadas rayos.

▼ El sistema solar está compuesto por el Sol, nueve planetas conocidos (muchos de los cuales tienen lunas) y una banda de rocas llamada cinturón de asteroides. Los planetas y el cinturón de asteroides orbitan alrededor del Sol. Los planetas varían en tamaño y en distancia al Sol, pero todos ellos son muy pequeños comparados con la estrella central.

1 **Planetas interiores: Mercurio, Venus, Tierra, Marte**
2 **Cinturón de asteroides**
3 **Júpiter**
4 **Saturno**
5 **Urano**
6 **Neptuno**
7 **Plutón**

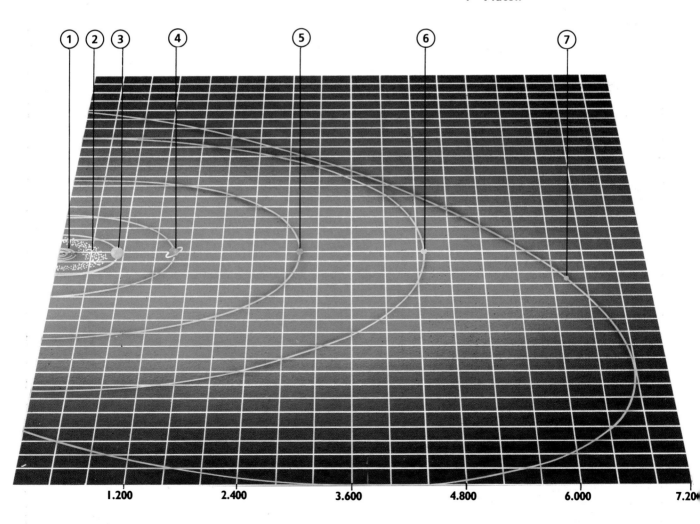

1.200   2.400   3.600   4.800   6.000   7.200

La luz es el único tipo de radiación que podemos ver los hombres. Y la luz que nosotros vemos procedente del Sol es la llamada luz blanca. Esta luz visible es, sin embargo, una pequeña parte de una gran familia de radiaciones, llamada **espectro electromagnético**. Todos los tipos de radiaciones electromagnéticas viajan desde el Sol a través del espacio a la misma velocidad, 300.000 km por segundo, que es la velocidad de la luz. Por encima de la luz visible, en el espectro, se encuentran los rayos gamma, los rayos X y la luz ultravioleta; por debajo, los rayos infrarrojos, las microondas y las radioondas.

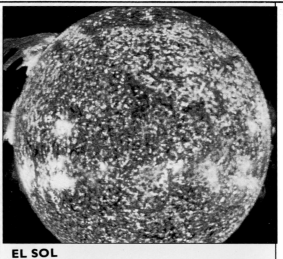

EL SOL

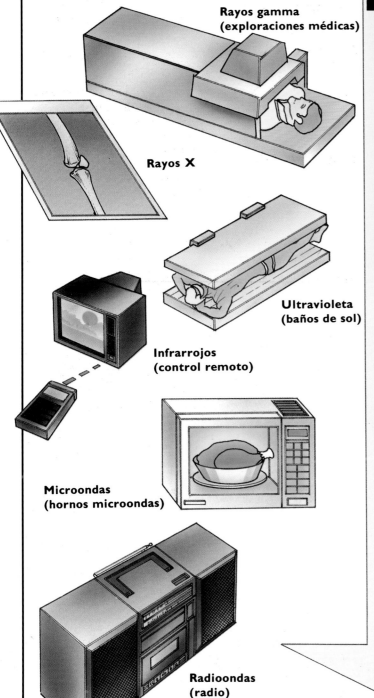

Rayos gamma
(exploraciones médicas)

Rayos X

Ultravioleta
(baños de sol)

Infrarrojos
(control remoto)

Microondas
(hornos microondas)

Radioondas
(radio)

Rayos gamma

Rayos X

Ultravioleta

Luz blanca
o visible

Infrarrojos

Microondas

Radioondas

RADIACIÓN DEL SOL

LA TIERRA

La Tierra es el tercer planeta en cercanía al Sol y es el único que cuenta con las condiciones perfectas para que exista la vida. Los otros planetas resultarían demasiado calientes o demasiado fríos, o tienen aire venenoso que contaminaría la vida.

La Tierra se encuentra a unos 150 millones de kilómetros del Sol. Actualmente sólo una pequeña parte de la energía solar atraviesa la atmósfera y llega a la superficie de la Tierra. El resto de los rayos son, unos, absorbidos por la atmósfera y, otros, reflejados de nuevo al espacio.

Todos los seres vivos dependen de la energía procedente del Sol para su existencia. Los rayos del Sol proporcionan a la Tierra la temperatura adecuada para que exista vida. Las plantas utilizan la luz del Sol a través de un proceso, llamado fotosíntesis, que les permite absorber y transformar la energía del Sol para el crecimiento. Las plantas son la base de la **red alimenticia**. Los animales herbívoros, desde los gusanos hasta las vacas, se alimentan de plantas, y otros animales, a su vez, se alimentan de los herbívoros, y todos ellos respiran el oxígeno que producen las plantas.

▼ **La fotosíntesis**

Estos olivos y flores son ejemplos de plantas que utilizan la energía del Sol para el crecimiento. Obtienen dióxido de carbono procedente del aire, y sus raíces absorben el agua del suelo. En la fotosíntesis, las plantas utilizan la energía de la luz del Sol convirtiendo estas sustancias simples en azúcares y almidones para producir oxígeno.

RADIACIÓN SOLAR

Ambas radiaciones, la visible y la invisible, recorren largas distancias antes de llegar a nosotros, perdiendo energía por el camino.

Cuando la radiación llega a la atmósfera de la Tierra, parte de ella es reflejada de nuevo al exterior y parte es absorbida por la atmósfera.

Las nubes también reflejan y absorben gran parte de la radiación. En un día claro, sin nubes, sentimos intensamente los rayos del Sol.

Finalmente, la Tierra refleja o absorbe la radiación que ha viajado por el espacio y a través de la atmósfera.

RADIACIÓN SOLAR

15% absorbido por la atmósfera

6% reflejado por la atmósfera

21% reflejado por las nubes

3% absorbido por las nubes

5% reflejado por la Tierra

50% absorbido por la Tierra

► La red alimenticia

Una red alimenticia está compuesta de varias **cadenas alimenticias** que se entrecruzan. Todos los seres vivos dependen de otros para sobrevivir. Los animales que se alimentan de vegetales se llaman herbívoros. Los que se alimentan de los herbívoros se llaman carnívoros, y éstos, a su vez, sirven de alimento a otros carnívoros. A través de la fotosíntesis, el Sol alimenta a las plantas. Éstas, a su vez, pueden ser alimento de las vacas, los gusanos, los conejos o los hombres. Al final de las cadenas alimenticias están los depredadores, como las aves de rapiña, el zorro y el hombre mismo.

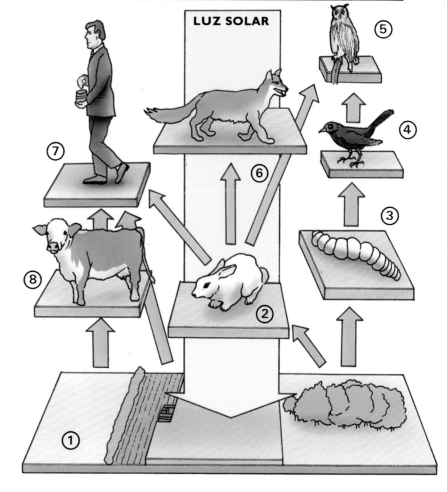

LUZ SOLAR

1 plantas	5 ave de rapiña
2 conejo	6 zorro
3 gusano	7 hombre
4 mirlo	8 vaca

9

LA ATMÓSFERA

Nuestro planeta Tierra está rodeado por capas de gas. Éstas constituyen lo que llamamos atmósfera. La atmósfera de la Tierra es invisible, pero es vital para nuestra existencia. La mayor parte de la atmósfera está formada por un gas llamado nitrógeno. El oxígeno que nosotros necesitamos para respirar compone un 23% de la atmósfera. Entre los dos, nitrógeno y oxígeno, constituyen un 99% de la atmósfera de la Tierra.

La atmósfera tiene unos 700 km de profundidad. El aire, gradualmente, va adelgazando según aumenta la altitud, hasta que termina la atmósfera. Más allá está el espacio exterior.

Existen además otros gases en la atmósfera que juegan un papel fundamental, aunque se encuentren en pequeñas cantidades. Son los llamados *gases invernadero*, que permiten que la energía del Sol llegue a la Tierra pero evitan que la radiación que refleja la Tierra se escape al espacio. Esto hace que la atmósfera, y también la Tierra, se mantenga caliente.

▼ Esta foto, tomada por satélite, muestra parte de la Tierra. Se puede ver el noroeste de África y el Próximo Oriente con las nubes de la atmósfera que rodea la Tierra.

LA ATMÓSFERA

La atmósfera es una capa delgada de gases que envuelve la Tierra. La palabra *atmósfera* viene del griego y significa «esfera de vapor». Está compuesta por diferentes capas: la más alta es la que tiene menos aire.

Aurora (6)

Es una capa donde a veces se pueden ver brillantes luces de color (auroras) en los cielos de los polos Norte y Sur. Partículas procedentes del Sol chocan con gases presentes en la atmósfera de la Tierra y causan este resplandor.

Termosfera (5)

Esta capa sirve de escudo contra los meteoros procedentes del espacio.

Cinturón de polvo (4)

Es una capa de partículas de polvo procedentes de meteoros que han impactado en la atmósfera de la Tierra.

Estratosfera (3)

Se extiende a unos 50 km por encima de la Tierra. La temperatura aquí llega a ser bajo 0 °C, pero va subiendo a medida que se asciende.

Capa de ozono (2)

Contiene el ozono que absorbe la mayor parte de las radiaciones ultravioleta antes de llegar a la Tierra.

Troposfera (1)

Esta capa contiene el aire que respiramos. Los fenómenos atmosféricos como nubes, lluvias y nieves tienen lugar aquí.

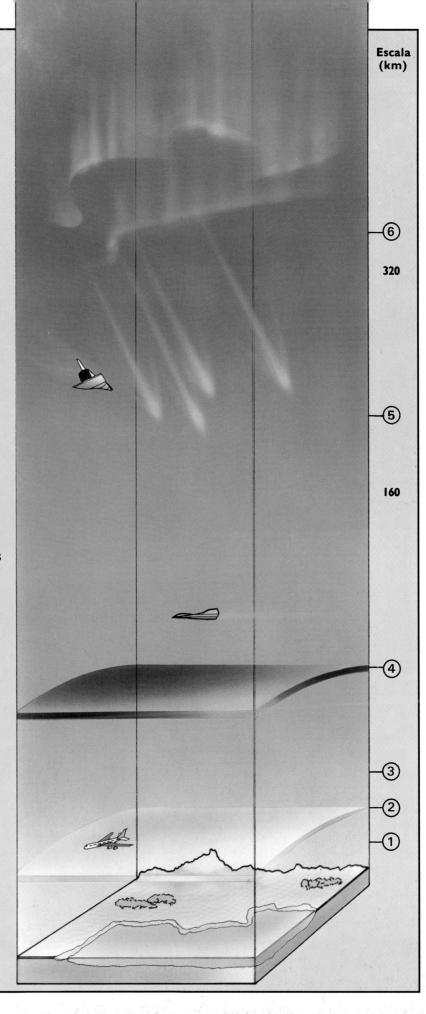

Escala (km)

320

160

LA CAPA DE OZONO

El ozono es un compuesto de oxígeno. Se crea cuando la **radiación ultravioleta** procedente del Sol se encuentra con el oxígeno en la atmósfera. La capa de ozono se encuentra en toda la estratosfera, pero es más densa entre los 20 y 30 km por encima del suelo, que es donde se acumula la mayor parte del ozono atmosférico. Esta capa absorbe muchas de las radiaciones ultravioleta que llegan a la Tierra procedentes del Sol. Los rayos ultravioleta que llegan a la Tierra tienen efectos importantes. Esta radiación causa el bronceado de la piel. Pero demasiada radiación ultravioleta puede producir efectos nocivos en plantas y animales, incluido el hombre.

▼ Mucha gente disfruta sus vacaciones en climas calurosos y soleados. Pasan mucho tiempo expuestos al Sol, absorbiendo sus radiaciones y a menudo quemándose. Reciben radiación ultravioleta, pero poca, pues la mayor parte de ella es absorbida por la capa de ozono.

La capa de ozono en equilibrio

La actuación conjunta de la radiación ultravioleta, el ozono, el oxígeno y otros elementos químicos en la atmósfera es muy compleja, aunque, en condiciones normales, todo está en equilibrio. El ozono se genera y se degenera continuamente en la atmósfera. La cantidad de ozono en la atmósfera es, pues, más o menos siempre la misma.

La amenaza para la capa de ozono procede de la polución, que puede destruir el ozono, lo cual acabaría con el equilibrio en la atmósfera. La cantidad de radiación ultravioleta peligrosa que llega a la Tierra se incrementaría a causa del desequilibrio en la capa de ozono.

La radiación ultravioleta es uno de los *rayos* que nosotros recibimos del Sol. Viaja a través del espacio y parte de la atmósfera antes de llegar a la capa de ozono.

Cuando los rayos ultravioleta se encuentran con el ozono en la atmósfera, son absorbidos por él. El ozono, como consecuencia, se disocia, se descompone en diferentes formas de oxígeno. Pero estas formas luego se reúnen con otras y se vuelve a regenerar el ozono. En este proceso, gran cantidad de radiaciones ultravioleta peligrosas son absorbidas.

Capa de ozono

ozono
oxígeno
radiación
ultravioleta

Una vez que la radiación ultravioleta es filtrada por el ozono, queda reducida la cantidad de radiación que llega a la superficie de la Tierra.

13

LOS 'COME-OZONO'

Los científicos suponen que el Sol seguirá brillando al menos durante 200.000 millones de años más. La Tierra tiene su propia sombrilla de gas, la atmósfera, que la proteje de las radiaciones peligrosas que produce el Sol. Pero, desgraciadamente, la composición de la atmósfera está cambiando como resultado de la acción humana.

Parte de la atmósfera, la capa de ozono, se encuentra bajo la amenaza de elementos químicos que nosotros utilizamos. Los mayores culpables químicos son los **clorofluorocarbonos** (llamados **CFCs** en abreviatura). Éstos pueden mantenerse activos en la atmósfera durante más de 100 años, moviéndose lentamente a través de ella antes de descomponerse en los elementos químicos que destruyen la capa de ozono. Aunque los culpables más conocidos son los CFCs, existen otros elementos que también contribuyen. En la Tierra, estos elementos químicos son inertes: no cambian ni ocurre nada cuando se mezclan con otros. Pero lentamente van ascendiendo a la atmósfera. Cuando llegan a la parte alta de la atmósfera, algo les ocurre: la radiación ultravioleta del Sol los descompone y cambian.

¿Qué son los CFCs?

Son elementos químicos, llamados clorofluorocarbonos, y tienen un gran número de aplicaciones. Se utilizan en aerosoles, frigoríficos, algunos sistemas de aire acondicionado y espumas sintéticas.

La reacción de los CFCs con los rayos ultravioleta y el ozono en la capa de ozono es complicada. Cuando los CFCs llegan a la capa de ozono, chocan con la radiación ultravioleta y liberan cloro. Éste reacciona con el ozono, disociándolo en distintas formas de oxígeno. El cloro permanece así, lo cual continúa destruyendo el ozono, descomponiéndolo en diferentes formas de oxígeno una y otra vez.

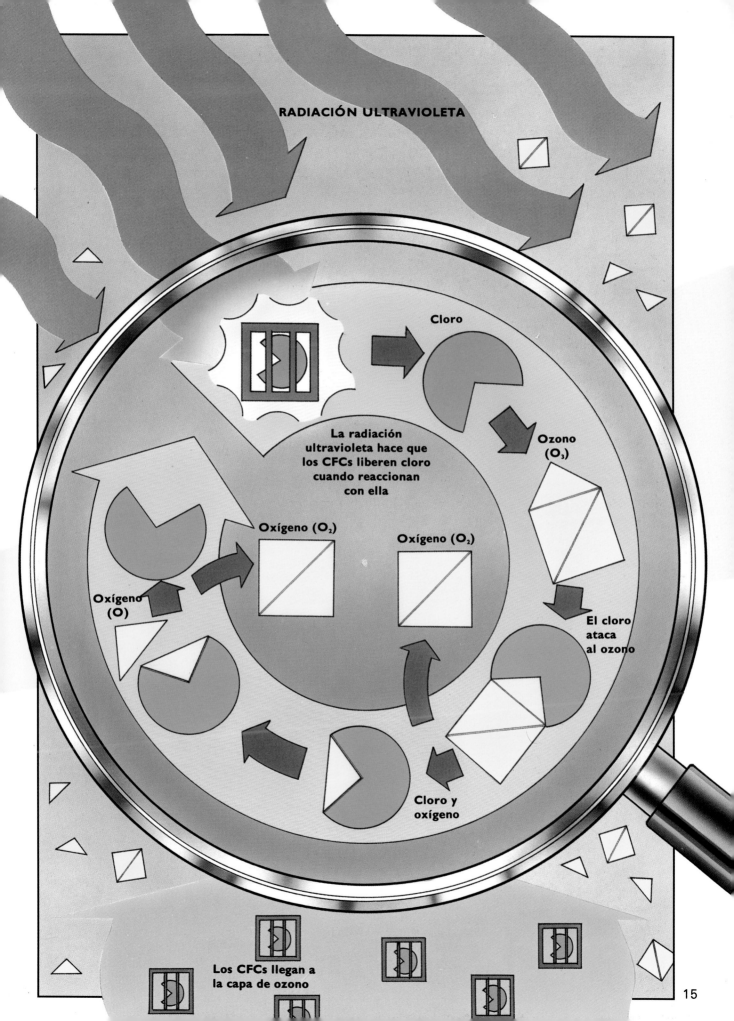

RADIACIÓN ULTRAVIOLETA

Cloro

La radiación ultravioleta hace que los CFCs liberen cloro cuando reaccionan con ella

Ozono (O₃)

El cloro ataca al ozono

Oxígeno (O₂)

Oxígeno (O₂)

Oxígeno (O)

Cloro y oxígeno

Los CFCs llegan a la capa de ozono

¿DE DÓNDE VIENEN?

Los *come-ozono* proceden de diversas fuentes. Los aerosoles que utilizamos para uso personal y doméstico, los conocidos *sprays* (como lacas, desodorantes, insecticidas y pinturas), contienen todos ellos CFCs. También se utilizan los CFCs para fabricar algunos tipos de espumas sintéticas, empleadas como material de embalaje. A veces los CFCs permanecen atrapados en las burbujas de esta espuma y escapan cuando son quemadas.

En frigoríficos y algunos tipos de aire acondicionado, especialmente los que se usan en los coches, los CFCs se utilizan como el fluido refrigerante que circula manteniendo baja la temperatura.

▲ Aquí aparecen algunos de los productos que contienen CFCs. De izquierda a derecha, aparatos de aire acondicionado, un frigorífico, una máquina de limpieza en seco y varios aerosoles. Es importante encontrar otras alternativas y evitar la llegada de los CFCs a la atmósfera.

Otros 'come-ozono'

Los gases que hacen peligrar el ozono no proceden sólo de estas fuentes. Las fábricas en las que se producen los aerosoles también liberan CFCs a la atmósfera. Otros elementos químicos que hacen peligrar la capa de ozono son: el tetracloruro de carbono, un elemento químico empleado para fabricar los CFCs y que se vende en algunos países como disolvente, a pesar de que fue prohibido en muchos lugares porque se cree que tiene relación con el cáncer de hígado; los halones, que se encuentran en algunos extintores, y el metilcloroformo, utilizado como disolvente. Los disolventes son empleados en muchos productos que nosotros utilizamos todos los días, como pegamentos y algunas pinturas; y el tricloroetano, en el líquido corrector.

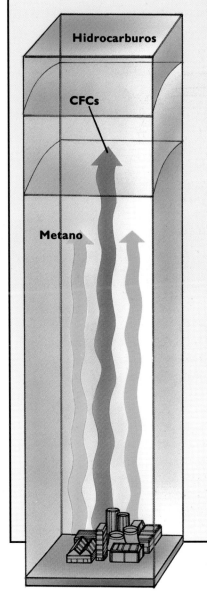

CFCs

Los CFCs y los otros elementos químicos que ponen en peligro el ozono no llegan inmediatamente a la capa de ozono. Tardan entre 70 y 100 años en hacerlo, y algunos hasta 23.000 años. Los CFCs suben todavía a mayor altura que otras sustancias como el metano y los hidrocarburos. Por eso los científicos encuentran dificultad en predecir con exactitud qué daños podrán provocar.

Hidrocarburos

CFCs

Metano

Esta fábrica produce elementos químicos que resultan perjudiciales para la capa de ozono.

EL AGUJERO

En cierta época cada año, en la Antártida, los niveles de ozono en la capa de ozono descienden drásticamente. Existe una zona en la capa que es tan poco densa, que constituye prácticamente un agujero.

Algunos años, durante la primavera antártica, que coincide con nuestro otoño, existen algunas áreas sobre la Antártida donde más del 40% del ozono desaparece. Este agujero es tan grande como Norteamérica y tan profundo, o alto, como el Everest.

Los estudios realizados muestran que los niveles de ozono en la atmósfera antártica varían de año en año. Pero se ha observado que el agujero, en los últimos años, se va agrandando más de lo normal. Los científicos han tomado muestras de la atmósfera en la parte del agujero y han encontrado abundantes elementos químicos destructores de ozono. Éstos son, al menos en gran parte, los responsables del agujero.

Los científicos utilizan aviones de reconocimiento que vuelan a gran altitud, globos y satélites para obtener información. Esta foto de satélite (derecha) muestra claramente el agujero que está apareciendo en el ozono sobre el polo antártico. El área oscura del centro confirma la existencia de un agujero.

Todavía no se ha encontrado un agujero en el Ártico, a pesar de que también allí están presentes los elementos químicos que pueden causarlo. Pero la capa de ozono es cada vez más delgada en todo el hemisferio norte en general. En una franja que se extiende alrededor del globo, en las latitudes comprendidas entre Nottinghan (Inglaterra) y las islas Orcadas (Escocia), se ha notado una alarmante disminución del 7% del ozono durante los meses de invierno.

▲ El ER-2, un avión de la NASA que vuela a gran altitud, está siendo preparado para emprender el vuelo.

▶ Los satélites orbitan regularmente sobre la Antártida y el Ártico, tomando fotografías de la Tierra con cámaras de gran precisión.

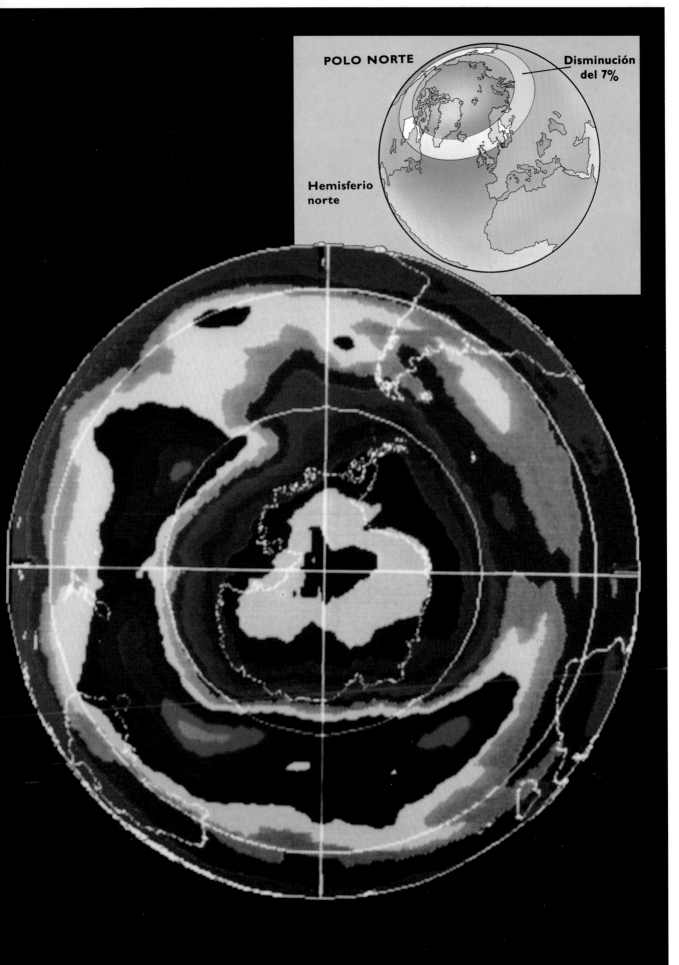

POLO NORTE

Disminución
del 7%

Hemisferio
norte

¿QUÉ PUEDE OCURRIR?

La capa de ozono absorbe gran cantidad de la peligrosa radiación ultravioleta. Si llegara a nosotros más radiación, podría causar un incremento de cáncer de piel y cataratas (la causa mayor de la ceguera en ciudades donde incluso el más moderno tratamiento médico resulta infructuoso). Se estima que un 1% de descenso de la capa de ozono provocaría un aumento de unos 70.000 casos más de cáncer de piel al año. Pero el aumento de la radiación ultravioleta no nos afectaría sólo a nosotros, sino también a toda la vida sobre la Tierra. Existiría peligro para las cosechas, las plantas, los árboles..., es decir, para los elementos que constituyen la base de la red alimenticia. Existiría una gran amenaza para los productores primarios de comida y, por tanto, para la producción mundial de alimentos. En el mar, si el plancton marino formado por las pequeñas plantas y animales que viven en la superficie del agua desapareciera, los peces más grandes morirían de hambre y la vida en el mar se extinguiría. Así se perdería una fuente primordial de recursos alimenticios para el hombre.

▼ El plancton (foto interior) es la base de la red alimenticia en el mar. Está formado por pequeñas plantas y animales que sirven de alimento a otros animales marinos, como peces y calamares. Los peces más grandes y los mamíferos del mar se alimentan, a su vez, de éstos. Algunas ballenas, como la ballena azul, la ballena jorobada y la ballena gris (abajo), evitan toda esta cadena y se alimentan directamente de grandes cantidades de plancton marino.

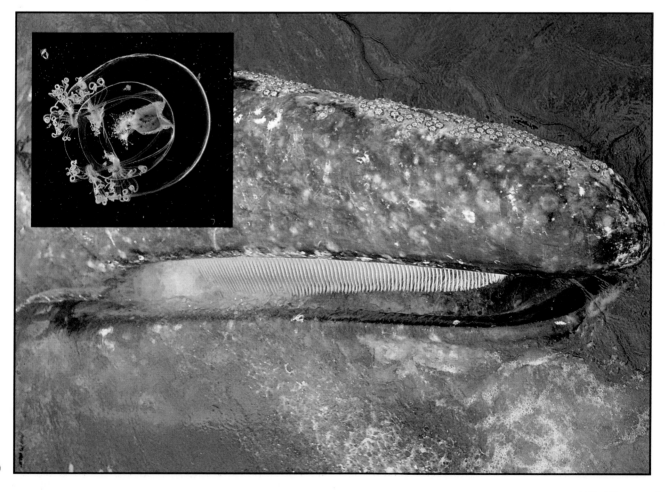

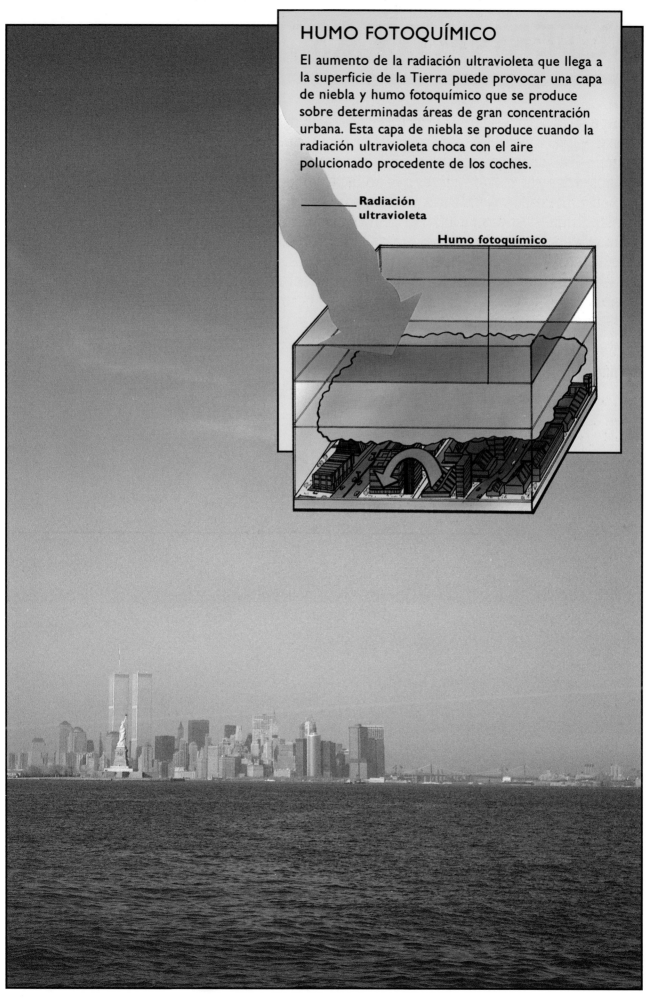

HUMO FOTOQUÍMICO

El aumento de la radiación ultravioleta que llega a la superficie de la Tierra puede provocar una capa de niebla y humo fotoquímico que se produce sobre determinadas áreas de gran concentración urbana. Esta capa de niebla se produce cuando la radiación ultravioleta choca con el aire polucionado procedente de los coches.

Radiación ultravioleta

Humo fotoquímico

ALTERNATIVAS

No es necesario arriesgarnos a destruir la capa de ozono. Existen varias alternativas para reemplazar los CFCs. Por ejemplo, los *sprays* que contienen CFCs pueden ser reemplazados por pulverizadores que no dañen el medio ambiente. Las espumas sintéticas y los materiales aislantes pueden ser fabricados sin CFCs. La gente se empieza a preguntar si necesitamos realmente todas esas espumas y materiales de embalaje que vienen con algunos artículos, pues la mayoría sólo son decorativos y podríamos prescindir de ellos.

Los CFCs de los frigoríficos pueden ser reciclados. Se extraen los CFCs de los frigoríficos viejos y se reutilizan en los nuevos.

«Una firma fabricante de CFCs asentada en Barcelona ha puesto en marcha el proyecto reciclaje, para poner al alcance de los productores nacionales de este tipo de propelentes una medida que evite todo tipo de emisión de estos productos a la atmósfera. El proyecto prevé la creación de grandes contenedores para que las industrias del sector del frío y del aire acondicionado depositen en ellos los gases utilizados y, desde allí, sean trasladados a un tanque central con el fin de ser sometidos a reciclaje».—*Ya*, enero de 1990.

«El biofísico holandés Jan C. van der Leun, que forma parte del Plan de las Naciones Unidas para el Medio Ambiente, asegura que si continúa la actual disminución del ozono de la atmósfera terrestre, los casos de ceguera y cáncer de piel aumentarán en el futuro».—*El País*, mayo de 1990.

«Desde que se demostró que los clorofluorocarbonos resultan nocivos para la capa de ozono, los fabricantes de aerosoles se han visto obligados a buscar soluciones alternativas. Estas soluciones consisten, en definitiva, en sustancias que actúan como propelentes evitando el daño a la capa de ozono».—*Diario 16*, febrero de 1990.

▶ Mientras que los países desarrollados y muy industrializados pueden tomar las medidas necesarias para poner fin al peligro de disminución de la capa de ozono —sustituyendo los CFCs por otros productos o reciclándolos—, el problema para los países que están aún en vías de desarrollo es muy distinto. Sus prioridades los llevan al aprovisionamiento de los alimentos básicos y a conseguir un general ascenso en su nivel de vida. Los frigoríficos y aerosoles en *spray* suponen una mejora en su calidad de vida y por ello les resulta muy difícil aceptar la supresión de los CFCs.

Prohibición de los CFCs

Para proteger la capa de ozono hay que tomar la medida mundial de prohibir los CFCs perjudiciales. Lo cierto es que las industrias ya están buscando distintas alternativas. Y la gente está cada vez más concienciada del peligro que supone el uso de los CFCs en el mundo.

Reciclaje de los frigoríficos

La medida a tomar con los frigoríficos es más problemática. En vez de dejar las neveras viejas abandonadas en los vertederos, que pueden liberar perjudiciales CFCs a la atmósfera, se pueden reciclar o almacenar los CFCs para próximos usos.

Gases alternativos

Aparte de ser reciclados los CFCs, también pueden ser reemplazados por otros elementos químicos y gases. El CO_2 es ya muy utilizado para la espuma de los extintores. También se pueden reemplazar los *sprays* por pulverizadores, o utilizar gases no dañinos para el ozono.

¿QUÉ SE PUEDE HACER?

En septiembre de 1987, varios países firmaron un acuerdo llamado **Protocolo de Montreal**. En él se comprometían a reducir a la mitad la producción de CFCs en un período de 10 años.

Pero está claro que la situación es mucho más alarmante de lo que la gente imaginaba, y el acuerdo del protocolo no es suficiente para solucionarla. Por ello se encuentra en revisión. Para que la capa de ozono sobreviva, muchos científicos aseguran que es necesario suprimir el uso de los CFCs completamente y que los países deberían acordar hacerlo en conjunto. Los científicos están descubriendo continuamente nuevos *come-ozono*. Y si queremos que la capa de ozono se mantenga, es primordial que en el futuro se supriman completamente todos los *come-ozono*. Para ello es vital que todos los países trabajen en colaboración para que la gente pueda obtener los productos que desea, pero sin destruir nuestro medio ambiente.

▶ Algunos aerosoles llevan escrito en el bote un aviso de que son «ecológicos», es decir, que sus propelentes no son perjudiciales para la capa de ozono. Sin embargo, los gases alternativos usados en estos productos contienen gases invernadero, que contribuyen al efecto invernadero. La solución más segura sería, pues, el uso de pulverizadores.

▼ Margaret Thatcher, la primera ministra del Reino Unido, dio una conferencia sobre la capa de ozono, organizada para proteger el medio ambiente.

▶ En esta manifestación de Greenpeace, a las puertas de una factoría química alemana, se demanda el cese de la producción de CFCs.

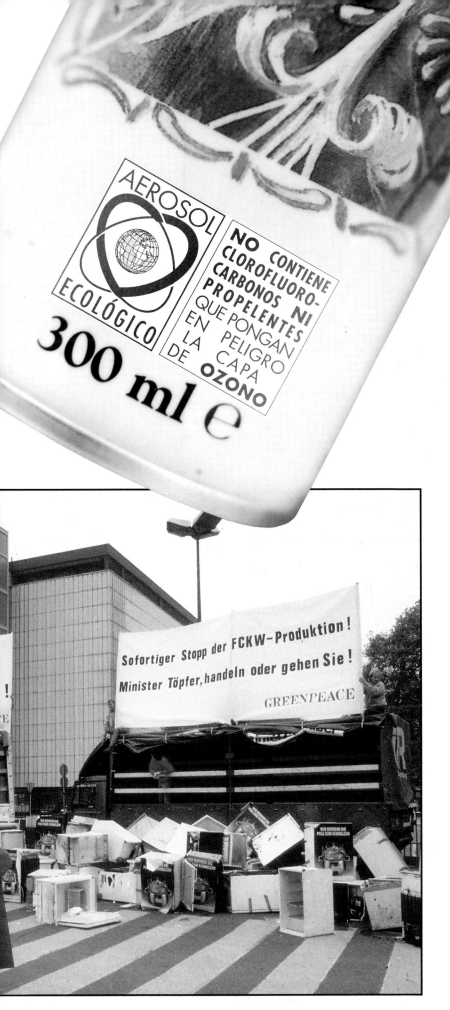

AEROSOL ECOLÓGICO

300 ml e

NO CONTIENE CLOROFLUORO-CARBONOS NI PROPELENTES QUE PONGAN EN PELIGRO LA CAPA DE **OZONO**

Sofortiger Stopp der FCKW-Produktion!
Minister Töpfer, handeln oder gehen Sie!

GREENPEACE

EN ACCIÓN

Algunas asociaciones ecologistas realizan campañas de concienciación dirigidas a las industrias, los consumidores y los Gobiernos para alertarlos acerca del peligro que supone la polución y animándolos a tomar las medidas necesarias para proteger la capa de ozono. Estas asociaciones, que organizan manifestaciones a las puertas de ministerios y fábricas para dar a conocer sus opiniones, han dado resultados muy favorables en algunos casos. Los fabricantes se han visto influenciados por la opinión pública y han empezado a recortar el uso de CFCs en sus productos. Entre estas organizaciones está Greenpeace (paz verde), que lucha por mantener el equilibrio ecológico y salvar la naturaleza.

SALVEMOS LA CAPA DE OZONO
STOP : C.F.C.
GREENPEACE

¿QUÉ PUEDES HACER TÚ?

Puedes hacer muchas cosas para impedir que continúe deteriorándose la capa de ozono.

- Utiliza sólo aerosoles *ecológicos* o pulverizadores.

- Procura no utilizar espumas sintéticas que contengan CFCs. No todas las espumas contienen CFCs, pero pregunta al vendedor antes de comprarlas.

- Un frigorífico viejo, abandonado en un vertedero, deja escapar CFCs al aire. Es mejor que lo lleves a alguna tienda donde reciclen los CFCs de los frigoríficos.

DIRECCIONES ÚTILES

Greenpeace España
C/ Rodríguez Sampedro, 58
28015 Madrid

Instituto Nacional de Meteorología
Ciudad Universitaria
28040 Madrid

CIEMAT (Centro de Investigaciones Energéticas y Medioambientales)
Departamento de información y documentación
Avenida de la Complutense, 22
28040 Madrid

Asociación Ecologista de Defensa de la Naturaleza
C/ Campomanes, 13
28013 Madrid

Haz un mural

Es muy importante que la gente tome conciencia del peligro que corre la capa de ozono y de lo que puede ocurrir si continúa su destrucción. Una forma de divulgar esta información puede ser mediante un mural. Haz uno y cuélgalo en tu cuarto o en el colegio.

1. Piensa un titular que llame la atención.

2. Realiza una ilustración que ponga de relieve el peligro que corre el planeta. También puedes recortar fotografías de revistas y hacer un *collage.*

3. Resume en cuatro o cinco líneas qué está ocurriendo con la capa de ozono y por qué es tan importante no dañarla.

4. Sugiere algunas cosas que se pueden hacer para que la disminución de la capa de ozono no vaya en aumento.

5. También puedes incluir algunas direcciones útiles, los símbolos que utilizan los productos que no dañan la capa de ozono o los de las asociaciones que se preocupan por los temas ecologistas.

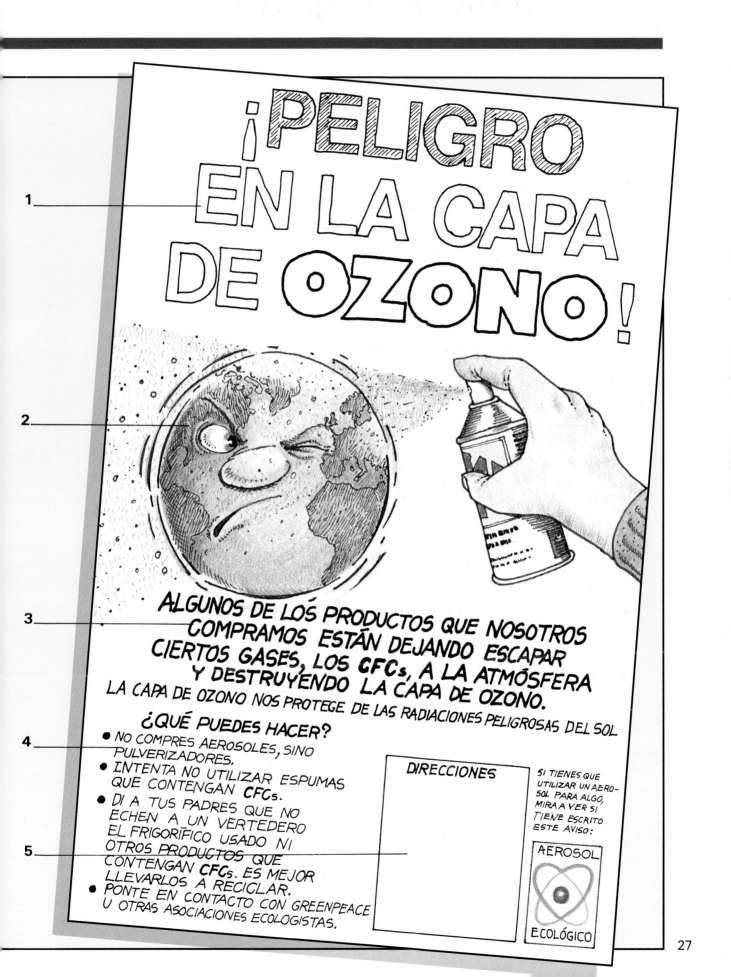

FICHA DE SÍNTESIS

¿Cómo es de grande la capa de ozono?

La capa de ozono se extiende a través de una fina capa de la atmósfera. Si extrajéramos la capa de ozono y la bajáramos a la Tierra, al nivel del suelo, y la presionáramos, veríamos que no tiene más que unos 3 mm de espesor.

Los CFCs y el efecto invernadero

Los CFCs no sólo ponen en peligro la capa de ozono. Son, además, gases invernadero. Esto significa que ayudan a mantener el calor en la superficie de la Tierra. Los gases invernadero producen el **efecto invernadero,** que es el responsable de mantener la Tierra caliente. Es también el responsable de que se esté produciendo un aumento gradual de las temperaturas en el mundo. El **recalentamiento** del planeta puede tener efectos devastadores en el clima, en el nivel del mar, en las cosechas y en toda la vida del planeta. A pesar de que los CFCs están presentes en menores cantidades que el gas invernadero más conocido, el dióxido de carbono, su poder es 10.000 veces mayor. Ésta es otra buena razón por la cual debe ser suprimido su uso.

El origen de la capa de ozono

La radiación ultravioleta procedente del Sol juega un papel fundamental en el mantenimiento de la capa de ozono. Cuando los rayos ultravioleta llegan a la atmósfera, se encuentran con el oxígeno y se produce una reacción química que forma el ozono.

Una molécula de oxígeno está compuesta por dos átomos de oxígeno. Cuando los rayos ultravioleta chocan con una molécula de oxígeno, ésta se disocia en dos átomos. El resultado final es que parte de la radiación ultravioleta es absorbida y quedan dos átomos de oxígeno libres en la atmósfera. Uno de los átomos de oxígeno puede reaccionar con otro y formar los dos juntos una molécula nueva de oxígeno; y puede que otro átomo de oxígeno reaccione con ésta y se forme así una nueva molécula de tres átomos de oxígeno: el ozono. Así, cuando la radiación ultravioleta choca con la molécula de ozono, ésta se descompone de nuevo y quedan varios átomos de oxígeno libres en la atmósfera. En ese caso, parte de la radiación ultravioleta es absorbida y no puede llegar a la superficie de la Tierra.

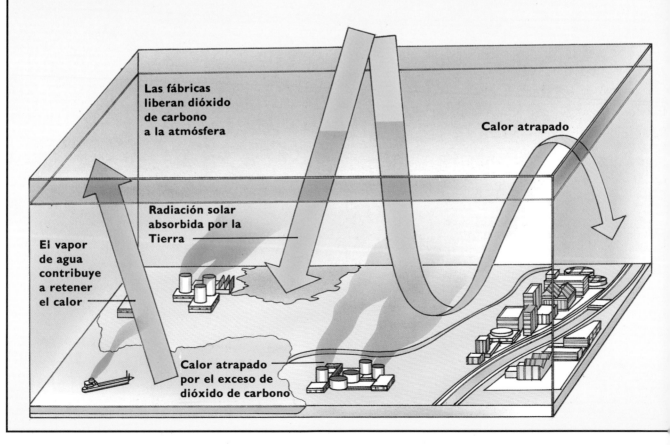

Las fábricas liberan dióxido de carbono a la atmósfera

Calor atrapado

Radiación solar absorbida por la Tierra

El vapor de agua contribuye a retener el calor

Calor atrapado por el exceso de dióxido de carbono

Para que reaccione una molécula de oxígeno y un átomo de oxígeno para formar el ozono tiene que estar presente un catalizador, normalmente nitrógeno. El ozono se genera y degenera continuamente en la atmósfera, y la mayor parte de la radiación ultravioleta es detenida antes de llegar a la superficie de la Tierra. Pero cuando hay abundantes elementos destructores del ozono, es mayor la cantidad de ozono que se degenera que la que se genera.

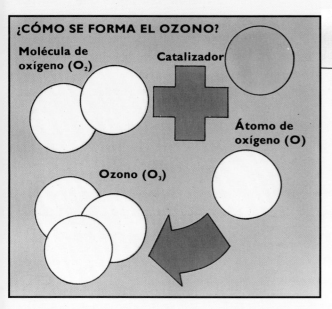

¿CÓMO SE FORMA EL OZONO?

Molécula de oxígeno (O₂)

Catalizador

Átomo de oxígeno (O)

Ozono (O₃)

¿Cómo pueden saber los científicos que la capa de ozono está siendo dañada?

Existe un instrumento, el espectrofotómetro, que les muestra la cantidad de radiación que está atravesando la atmósfera. Cuando ven que llega a la Tierra mucha más radiación de la que debería, saben que es porque se está reduciendo la cantidad de ozono en la capa.

¿Qué hacen los CFCs?

Cuando los CFCs se utilizan en aerosoles, por ejemplo, actúan como propelentes mezclados con el producto. Están a presión en un bote, y cuando nosotros apretamos el botón, los CFCs obligan al producto a subir por el tubo y salir al exterior.

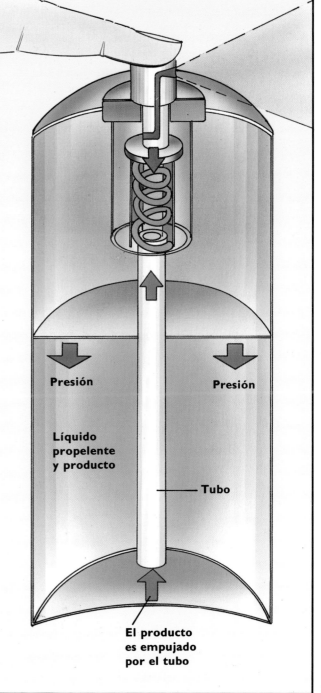

Presión

Presión

Líquido propelente y producto

Tubo

El producto es empujado por el tubo

Reemplazos enemigos

Algunos productos que reemplazan a los aerosoles con CFCs contienen otros gases. En los botes aparece a menudo una etiqueta que dice «amigo del ozono». Pero estos gases son hidrocarburos que, aunque no dañan el ozono, son gases invernadero. Y son igual de malos para el medio ambiente que los CFCs. El único *reemplazo amigo* es el pulverizador.

Utilidad de la radiación

La radiación del Sol tiene otros usos aparte de la fotosíntesis. La radiación del Sol mantiene nuestro plantea caliente. La luz visible del espectro nos permite ver. Las radioondas procedentes del Sol y de otras estrellas más distantes son utilizadas por los astrónomos para encontrar galaxias distantes. Podemos aplicar radiación parecida a la procedente del Sol para muchas cosas. Los rayos infrarrojos son empleados en alarmas antirrobos. Incluso la radiación que puede resultar peligrosa para la vida en la Tierra puede tener usos beneficiosos. Los ultravioleta son utilizados en lámparas de rayos UVA, y los rayos X, en los hospitales.

Cadenas alimenticias en el mar

Aproximadamente un 70% de nuestra Tierra está cubierta por el mar, donde existen varias cadenas alimenticias, al igual que en la Tierra. La radiación del Sol es beneficiosa para que exista vida en la superficie del agua, plantas y pequeños animales que constituyen el plancton y que viven gracias a la luz solar. Algunos de los gigantes del mar, como ciertas ballenas, se alimentan del plancton. Los peces que nosotros comemos se alimentan también de plancton, del que dependen directa o indirectamente.

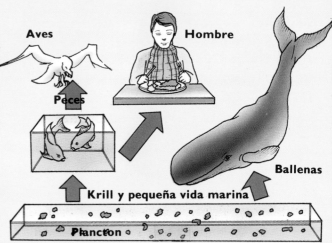

Aves — Hombre — Peces — Ballenas — Krill y pequeña vida marina — Plancton

VOCABULARIO

Cadena alimenticia: Ciclo que siguen, en la alimentación, los seres vivos. Por ejemplo, los gusanos se alimentan de las plantas; los pájaros, de los gusanos; y las aves de rapiña, de las aves pequeñas.

Capa de ozono: Franja de ozono en la atmósfera de la Tierra que impide que las radiaciones ultravioleta peligrosas lleguen a la superficie terrestre.

CFCs o clorofluorocarbonos: Elementos químicos que utilizamos para diversas aplicaciones; por ejemplo, en aerosoles, frigoríficos, espumas sintéticas y materiales de embalaje.

Efecto invernadero: Calentamiento que experimenta la Tierra debido a su atmósfera. Algunos gases permiten que la radiación solar pase a través de la atmósfera y caliente la superficie terrestre, y evitan que la radiación que refleja la Tierra se escape al espacio. Esto hace que la atmósfera, y también la Tierra, se mantenga caliente. Este fenómeno se conoce con el nombre de efecto invernadero y contribuye a que exista vida sobre nuestro planeta.

Espectro electromagnético: Es toda la gama de tipos conocidos de radiación. Todas las radiaciones viajan a la velocidad de la luz (300.000 km por segundo), normalmente en línea recta.

Ozono: Molécula formada por tres átomos de oxígeno. Es un gas incoloro con un olor fuerte.

Protocolo de Montreal: Acuerdo internacional firmado por varios países en el que se comprometen a tomar las medidas necesarias para salvar la capa de ozono.

Radiación: Manera de transferir la energía de un lugar a otro; por ejemplo, del Sol a la Tierra. La mayor parte de la radiación es invisible, con excepción de la luz. Otros tipos de radiación son los rayos X, los infrarrojos, las radioondas, etc.

Radiación ultravioleta: Radiación invisible que causa el bronceado de la piel. Es beneficiosa y está producida por el Sol. Pero el exceso de radiación puede ser también causante del cáncer de piel.

Recalentamiento del planeta: La polución atmosférica aumenta el efecto invernadero al producir gran cantidad de gases que atrapan el calor. Esto hace que la temperatura de la Tierra ascienda.

Red alimenticia: Todos los seres vivos dependen de otros para sobrevivir, directa o indirectamente. Casi todos los animales y plantas forman parte de alguna cadena alimenticia. El conjunto de estas cadenas se denomina red alimenticia.

ÍNDICE ALFABÉTICO

Aerosoles 14, 16, 17, 22, 23-26, 29, 30
Agujero de ozono 18
Aire acondicionado 14, 16
Alternativas 22, 23
Antártida 18
Atmósfera 5, 8-14, 28
Aurora 11

Ballenas 20

Cadenas alimenticias 9, 20, 30, 31
CFCs, o clorofluorocarbonos 14, 16, 17,
    22-26, 28-31
Cinturón de asteroides 6
Cinturón de polvo 11
Cloro 14

Dióxido de carbono 28

Efecto invernadero 10, 28, 30, 31
Espectro electromagnético 7, 31
Espumas sintéticas 14, 16, 22, 26
Estratosfera 11, 12

Frigoríficos 14, 16, 22-23, 26

Greenpeace 24, 25

Halones 17
Hidrocarburos 17, 30
Humo fotoquímico 21

Infrarrojos 7, 30

Metilcloroformo 17
Microondas 7

Nitrógeno 10, 29

Oxígeno 10, 12-14, 28

Plancton 20, 30

Polo Norte 19
Protocolo de Montreal 24, 31

Radiación 5-7, 9, 12, 14, 20, 21, 28-31
Radioondas 7, 30
Rayos gamma 7
Rayos X 7, 30
Recalentamiento del planeta 28, 31
Reciclaje 23, 26
Red alimenticia 8, 9, 30, 31

Sol 5-10, 12-14, 28, 30
Sprays 22, 23, 26

Temperatura 8, 11, 28
Termosfera 11
Tetracloruro de carbono 17
Tricloroetano 17
Troposfera 11

Ultravioleta 7, 11, 14, 20, 21, 28-30, 31